L'AMI

DE LA CHARTE.

<center>~~~~~~~~~</center>

PRIX, 3o CENTIMES.

PARIS,

Chez CORRÉARD, libraire, Palais-Royal, galerie de bois.

―――――

1er juin 1820.

L'AMI

DE LA CHARTE.

Art. 1er.

Séance du 30 mai 1820.

Un incident remarquable et probablement décisif vient de s'élever dans la discussion importante qui occupe nos législateurs, c'est l'amendement de M. Camille Jordan, tendant à ce que l'élection soit exercée directement par les électeurs, *selon la charte*, partagés en autant d'arrondissemens qu'il y a de députés à élire par chaque département.

Cet amendement change tout le terrain de la question. Ce n'est plus entre la loi du 5 février et le nouveau projet que la majorité aura à se prononcer ; c'est entre une disposition qui concilie tout, et un projet qui renverse tout.

Si les ministres veulent la stabilité et le bonheur de la France, comme ils nous le répètent tous les jours, l'amendement de M. Camille Jordan doit parfaitement remplir leurs vues.... Car il remédie aux prétendus défauts de la loi du 5 février, sans être entaché de ce vice d'inconstitutionnalité qui l'attache au projet ministériel. Ils reprochaient à la loi du 5 février d'établir le despotisme des chefs lieux ; l'amendement détruit ce prétendu despotisme. Ils feignaient de regretter les influences locales ; grace à l'amendement, les influences locales reprendront toute leur force. Ils se plaignaient de l'absence d'un grand nombre d'électeurs pour cause d'eloignement du chef lieu ; ce défaut est corrigé par une disposition précise de l'amendement.

Ainsi la mauvaise foi n'aura plus de prétexte ; l'aristocratie n'aura plus de raisons même captieuses à nous alléguer. Il faudra qu'elle nous avoue franchement que c'est pour elle et pour elle seule qu'elle veut les élections ; qu'elle les veut asservies à son influence, conduite par les intrigues dirigées par les opinions contre révolutionnaires, exploitée entièrement à son profit , comme naguère M. Pasquier , vaincu par les raisons sans replique qu'opposaient à sa faconde les intrépides défenseurs de la liberté , répondait ingénument qu'il l'avouait avec franchise, que c'était bien effectivement l'arbitraire qu'il demandait, l'arbitraire pur et simple , l'arbitraire partial , l'arbitraire en un mot dans toute sa naïve horreur.

L'aristocratie est digne de suivre de telles traces et de tels exemples....; mais alors, nous l'espérons du moins, pour l'honneur de l'espèce humaine, sinon pour l'honneur de la chambre , cette portion de députés qui siége sur les bancs ministériels, éclairée enfin par ces singuliers et effroyables aveux , ramenée à la vérité par la franchise maladroite du côté droit, sortira enfin de ce lâche sommeil dans l quel nous l'avons vue trop long-temps plongée, et se réunira au côté gauche pour sauver la patrie et la monarchie constitutionnelle ; car, il faut le dire enfin : si l'aristocratie triomphe, plus de monarchie constitutionnelle , car cette monarchie n'a été établie que pour protéger les libertés publiques, et maintenir l'équilibre de la société. Plus de patrie, car les esclaves n'en ont point..... et qui serions nous sinon les esclaves de l'aristocratie?... Que les députés du centre méditent cette vérité.

Ils nous ont beaucoup fait de mal en votant des lois exceptionnelles que repousse notre charte, en accordant l'appui de leurs votes à des mesures dignes des beaux jours de 1815, mais ils peuvent aujourd'hui se réhabiliter dans l'opinion qui s'était hautement élevée contre eux... Que dis-je? ils peuvent acquérir d'impérissables droits à la reconnaissance de leurs concitoyens, en se réunissant à l'amendement de M. Camille Jordan, et en repoussant par son adoption la tentative liberticide de l'aristocratie. Qu'ils songent qu'ils n'ont plus que ce moyen d'effacer la fâcheuse impression de leurs votes précédens; que ce moment passé, s'ils le laissent perdre, il n'y a plus pour eux de retour possible à l'amour de la patrie, plus de moyen d'échapper à l'indignation nationale.

Que leurs fonctions sont augustes et solennelles!..... Ce n'est point ici l'une de ces lois peu importantes, qui ne touchent qu'aux intérêts d'une administration, qu'à des circonstances de localité; c'est la destinée de la France toute entière; c'est le sort de la royauté, selon la charte; c'est le problème de toute notre organisation politique mise en question : l'ordre social, la paix de la France dépendent de sa solution. Leur vote va pour jamais raffermir sur ses jeunes bases la monarchie constitutionnelle, ou livrer de nouveau le vaisseau de l'état, au courroux des tourmentes révolutionnaires!....... quelle immense responsabilité repose sur leur tête! que de maux ils peuvent éviter à la patrie! que de biens ils peuvent lui procurer! qu'une fausse honte ne les retienne point!.... il n'est jamais trop tard pour revenir au sentier de l'honneur. Les ministres leur diront que leurs votes précédens engagent leurs votes à venir. Oui, s'ils ont expressément stipulé qu'ils livreraient aux ministres leur malheureuse patrie, pour être par eux inpitoyablement égorgée ; non, si en obtempérant aux vœux du ministère, ils ont sacrifié à des erreurs, ou à des préjugés. Ils leur diront encore que la France les déteste, et ne leur pardonnera jamais leur conduite antérieure. Cela est faux, ce peuple n'a de haine pour personne ; nul n'est plus facile à apaiser, et un bon acte lui en fait oublier vingt mauvais ! . . . .

Non, les députés du centre ne consentiront point à livrer la nation au courroux de l'oligarchie ; non, ils ne seconderont point, ils ne hâteront point la marche sanglante du char contre-révolutionnaire ! ah ! ils savent qu'ils seraient eux mêmes parmi les victimes que l'oligarchie y entasserait. Ils savent, ces hommes qui ont assisté à la grande scène de la révolution française,

> Qu'il n'est point de traité
> Qui puisse unir l'esclave et le maître irrité.

Et qu'on ne dise pas, que le maître sera doux pourvu que l'esclave soit docile....... l'histoire est là pour déposer contre cette prétendue douceur. L'oligarchie ne pardonne point les outrages faits à son orgueil ; et en quel pays, chez quel peuple cet orgueil a-t-il été plus long-temps, plus complétement humilié qu'en France depuis 1789 ?

Elle a de vieux privilèges à recouvrer, des abus à rétablir, des couvens, des corporations, des jésuites à réinstaller, des injures profondes à venger. J'allais ajouter des lettres de cachet, une inquisition à nous rendre. J'oubliais que nous avons la loi suspensive de la liberté de la presse et la loi suspensive de la liberté individuelle, que nous devons à ses généreux efforts.

Ainsi l'aristocratie a le pied dans l'étrier..... pour peu qu'on la laisse partir , qui sait quand nous pourrons l'arrêter.

Députés du centre, c'est à vous d'opposer enfin une digue à son audace ; c'est à vous de prévenir le retour d'un nouveau 1815. L'amendement de M. Camille Jordan vous en offre une occasion qu'il faut vous hâter de saisir.

Députés du côté gauche, publicistes, constitutionnels de toutes les classes, ralliez votre honorable opinion à celle de M. Camille Jordan. Ainsi la loi du 5 février ne sera altérée que pour être améliorée, et la charte conservera son auguste inviolabilité , sur laquelle reposent nos destinées futures. Le lieu de l'élection plus rapproché offrira sans doute plus de prise à l'influence de la grande propriété aristocratique ; mais il aura l'avantage d'appeler un plus grand nombre de citoyens à l'exercice d'un droit précieux.

Prouvez à vos adversaires que vous ne craignez pas de voir tous les électeurs français remplir leurs honorables fonctions, parce qu'avant tout , vous ne pouvez vouloir que ce qui est juste..... Or, cette condition est impérieusement réclamée par la justice. Ainsi , sera comblé, pour ne plus se rouvrir, l'abîme qu'avait ouvert devant nous la main coupable de nos oligarques. Ainsi sera garantie l'immuable habileté de nos institutions constitutionnelles, et la nation française, heureuse de voir le péril qui la menaçait dans ses intérêts les plus chers , conjuré par des moyens paisibles et légaux, ne sera pas obligée de redemander des garanties à ces funestes, à ces déplorables révolutions qui., selon l'expression d'un éloquent député du côté gauche (M. Bignon), *confondent le juste et l'injuste , qui font expier aux rois les fautes de leurs ministres , aux dynasties les crimes et les factions dont elles servent, sans le vouloir, les passions et les fureurs.*

ART. 2.

L'OPTIMISTE.

LECTEUR, je ne veux ni surprendre ta bonne foi , ni abuser de tes loisirs; je t'en préviens donc dès l'abord : si , entraîné par l'exemple , tu vois tout ce qui t'environne d'un œil chagrin et mécontent ; si ton oreille est familiarisée , par une longue habitude , avec l'amertume et la véhémence du langage ; si des conversations populaires ont façonné ta bouche à l'expression du blâme , du mépris et de l'indignation ; lecteur, ces pages ne sont point écrites pour toi ; laisse tomber, sans poursuivre , cet opuscule naïf , uniquement dédié au petit nombre d'hommes privilégiés qui partagent l'extase à laquelle je dois mes inspirations.

Ambitionne qui voudra la gloire de Tacite : son génie , pour éclater , eut besoin d'un spectacle qui répugne à tout cœur sensible. Quels sujets d'étude que les siens ! A peine aujourd'hui pouvons-nous croire à leur réalité. Le fourbe et cruel Tibère ; Claude non moins cruel dans son imbécillité; des princes qu'aucune experience ne dompte , qu'aucune étincelle de raison n'éclaire ; des femmes qu'aucune vengeance ne désaltère, et qui, dans leurs habitudes viriles, ne gardent d'un sexe et n'empruntent à l'autre que ce qui peut offrir un tout plus difforme ; une cour où brillent le déshonneur et la trahison , où l'on est en conspiration permanente contre le peuple ; où le projet d'une liste de proscription ou d'un assassinat assaisonne les plaisirs de la bonne chère ; un sénat vendu à toutes les tyrannies , complice de tous les crimes et de toutes les sottises ; une législation plus immorale et plus funeste que l'absence

de toute loi ; des affranchis que les plus viles complai-
sances, la rapine, la délation, le meurtre ont élevés au rang
de ministres favoris ; une armée d'espions et de sicaires or-
ganisée et récompensée; la bravoure suspecte et souvent
punie ; la majesté de Rome souillée aux yeux du monde
par l'indignité de ses maîtres ; la liberté, tantôt dérisoire-
ment proclamée , tantôt foulée aux pieds solennellement ;
toutes les idées du juste et de l'injuste, du vice et de la
vertu, de l'honneur et de l'infamie, toutes les lois sociales et
naturelles méconnues, bouleversées, perverties par le pouvoir : tels furent et les hommes et les choses de l'époque
contemporaine que Tacite peignit de si sombres et si éner-
giques couleurs ; mais, je le répète, qui voudrait, pour
marcher sur ses traces, être contemporain aussi d'une
époque semblable? Qui voudrait acheter à ce prix le renom
de grand et profond historien ? J'en appelle à toute ame
généreuse : Tacite lui-même n'échangerait-il pas , sans
regret , le règne le plus éloquemment hideux de ses an-
nales pour le temps où nous vivons ?

Quelle différence, en effet, et combien je bénis le destin
qui, partout où se promènent et se reposent mes regards,
ne m'offre que vertus à raconter, que félicités à décrire,
que scènes ou touchantes, ou sublimes, à transmettre aux
méditations de la postérité ! Si je contemple la France
comme nation, elle m'apparaît libre au-dedans, indépendante au-dehors. Son attitude, tout à la fois formidable et
pacifique, imprime à l'étranger ce respect amical, d'où
découle la réciprocité de déférences et d'avantages dans les
relations commerciales et diplomatiques. Ses ambassadeurs,
choisis parmi les plus illustres citoyens et les plus patriotes,
s'en montrent les dignes représentans ; et autant naguère,
dans des jours d'allégresse et d'épanchement, la reconnaissance du gouvernement fut prodigue de cités populeuses,

de territoires fertiles, de forteresses inexpugnables; autant sa politique aujourd'hui surveillante, jalouse, tient nos frontières fermées, et en quelque sorte murées pour prévenir jusqu'à l'invasion des nouvelles, des idées et des innovations étrangères. Sur ces mêmes limites qu'un million de bayonnettes fut invité à franchir, l'apparition d'un seul porte-enseigne serait considérée comme un signal de guerre par ceux-là même qui accueillirent et fêtèrent l'étranger; la vue d'un seul drapeau, qui ne serait point la bannière des lis, souleverait tous les Français indignés, tant les choses ont heureusement changé en peu d'années! tant le patriotisme éteint s'est rallumé dans tous les cœurs !

Et cette imaginaire supposition me conduit à une bien douce réalité : au spectacle de notre organisation militaire. Quelle armée est plus complète et plus aguerrie que la nôtre? Quels soldats plus dévoués sont commandés par des officiers plus habiles ? quels capitaines, en Europe, oseraient joûter avec les nôtres ? Aussi nos jeunes légions ont-elles sous les yeux l'exemple de nos vieilles phalanges, si dignement récompensés de leurs glorieux travaux : elles affronteraient mille morts sous des chefs qui savent ainsi apprécier les services , honorer le mérite et le courage. Je me tais sur les Suisses : personne n'ignore combien ils sont français; la défense de la patrie ne saurait être remise en de meilleures mains; et si le ministère ne les payait pas avec exactitude et générosité, il faudrait ouvrir, en leur faveur, une souscription nationale.

Derrière cette avant-garde imposante se développe en innombrables bataillons, une milice vraiment citoyenne , où tout propriétaire est admis, dont tout prolétaire est exclu ; une discipline aussi impartiale que constitutionnelle y est sévèrement entretenue : c'est, grâce à elle, que les troubles du Gard ont été si promptement apaisés ; sans elle que de sang eût coulé dans le midi ! que de forfaits eussent été commis impunément ! Que d'associations criminelles eussent offert le scandale d'une sorte d'inviolabilité ! que d'assassins riches du salaire de leurs exploits, voudraient s'enrichir encore ! Rendons grâces aux soins paternels d'une administration qui, par l'excellente organisation des gardes urbaines, a préservé la France des plus déplorables attentats, et nous donne pour le présent et pour l'avenir, tant de gages de sécurité.

Cette administration, par l'immense mérite des hommes qui la composent, par leurs vertus publiques et privées, fait l'admiration et le désespoir des états voisins. Il entre une sorte de vénération dans leurs rapports avec S. Ex. le ministre des affaires étrangères ; tout le monde a ouï parler de l'explication qu'il a si majestueusement soutenue avec le nouvel envoyé d'Espagne , et la terreur de celui-ci. On se plaît à reconnaître dans l'illustre vieillard qui préside à l'intérieur une grande jeunesse d'esprit et de talent ; on s'accorde à exalter dans M. le ministre des finances un désintéressement et une intégrité dont toute sa carrière fournit la preuve ; on ne tarit pas sur les éloges dus au caractère , aux exploits , au cœur généreux et français de M. le ministre de la marine ; M. le ministre de la police, moins touché de la gloire que du désir de remplir dignement son poste, et fidèle aux usages de l'armée dont il est le chef, s'ensevelit dans un mystérieux et modeste *incognito ;* M. le ministre de la guerre , résiste avec courage a l'entraînement des souvenirs, aux séductions de la fraternité militaire , pour céder à la pacifique ambition d'officiers monarchiques , et à la voix évangélique de son éminence le grand aumônier ; et l'on verrait les félicitations que reçoit M. le président des ministres, depuis la Crimée jusqu'à

Aix-la-Chapelle, enfler son portefeuille, si ce ministre en
avait un.

Partout ailleurs un gouvernement suffit : la France, plus
richement dotée, en possède deux : l'un secret, l'autre
ostensible ; de là pondération, balancement, équilibre ; de
là émulation et concurrence pour le bonheur des citoyens ;
de là enfin un corps de réserve administrative toujours
prêt, ressource infaillible à tout événement ; le ministère
pourrait être moissonné en un jour sans que la chose pu-
blique en souffrît : un ministère est là qui le remplacerait
à vue. En ce moment surtout, une pareille substitution
serait moins sensible que jamais, tant il y a intelligence,
accord, et, pour ainsi dire, identité dans le double gouvernement qui se dévoue au salut de l'état ! Identité sans
doute, et dont le noble modèle se trouve dans l'homme
lui-même ; ainsi que l'homme, le gouvernement de France
se compose d'une partie visible et matérielle que l'on peut
appeler le corps, et d'une partie invisible et impulsive
qui en est l'ame et la volonté ; trop long-temps le corps se
montra rebelle ; sa docilité aujourd'hui laisse tout pouvoir
à l'ame, et nous en ressentons les heureux effets.

Notre charte est pleine de vie et de force ; nos lois sont
éminemment nationales ; notre chambre est fière d'une
majorité indépendante et toute française ; nous avons un
sénat conservateur des libertés publiques ; les agens de
l'autorité sont partout respectés et chéris ; nos magistrats
ont une intégrité si clairvoyante, qu'ils surprennent le
crime sous le masque de la justice et de l'humanité, et
qu'ils reconnaissent l'innocence et la vertu sous les appa-
rences du crime ; la religion règne et triomphe sous la
garde de la gendarmerie ; les missions prospèrent sous la
protection des verdets ; les paysans boivent à la santé de
leurs anciens seigneurs ; les acquéreurs de domaines na-

tionaux fraternisent avec les émigrés ; l'industrie a re-
conquis ses droits légitimes ; le sol fertilisé par elle dans
les campagnes , voit, dans les villes , s'élever et se presser
à sa surface des manufactures florissantes , des monumens
utiles et patriotiques ; les mers sont couvertes de nos vais-
seaux marchands ; enfin les impôts , répartis également,
sont inaperçus au milieu de la prospérité générale : tel est,
dans le cadre le plus raccourci , le tableau des bienfaits
du double gouvernement dont la restauration nous présente le phénomène.

ART. 3.

Où en sommes-nous ? où allons-nous ?

Où en sommes-nous ? Telle est la première question que
se font naturellement tous les bons citoyens, tous les véri-
tables amis de leur pays ? Où allons-nous ? telle est la se-
conde question , conséquence immédiate de la première.
J'essayerai d'y répondre en peu de mots; et il est impor-
tant qu'on y réponde : car de la nature de cette réponse
dépend notre présent et notre avenir.

Où en sommes-nous ? nous en sommes au renversement
de toutes les idées constitutionnelles, au point que l'arbitraire pur et illimité est considéré par certains ministres,
comme une conséquence de l'article de la charte, qui dé-
clare que la liberté des citoyens est garantie, et qui inter-
dit formellement de les distraire jamais de leurs juges na-
turels ; au point que l'on s'est servi du texte d'un autre article qui nous assure la liberté de la presse, pour nous
retrancher la portion la plus précieuse de cette liberté, la
libre émission des feuilles périodiques ; au point encore
que l'on a mis en œuvre un autre article de cette même

charte pour nous ravir le libre choix de nos députés, nos ministres alléguant que la charte, en ne posant d'autres limites à la qualité d'électeur que l'âge de trente ans et une contribution de 300 fr., n'a pas prétendu établir un droit pour tous ceux qui rempliraient ces deux conditions, et soutenant que *concourir* à l'élection d'un député, est l'équivalent de *concourir* à l'élection des candidats parmi lesquels est choisi ce député, toutes impérities pour lesquelles on enfermerait volontiers un homme à Charenton, mais qui, dans notre siècle éclairé, forment le sublime de la politique transcendante.

Où en sommes-nous? Nous en sommes au point où chacun se demande quel peut être le remède à des maux si graves; nous en sommes à craindre enfin sérieusement pour le trône, violemment compromis par les fureurs de nos oligarques, et pour le gouvernement représentatif lui-même discrédité dès sa naissance par ses oscillations perpétuelles, et les funestes erremens des divers ministères.

Où allons-nous? ... nous allons au bouleversement total de nos institutions, à l'anéantissement de la charte, à la dislocation des pouvoirs, à 1815, en un mot; mais 1815, enrichi de nouveaux motifs de haine et de vengeance, 1815 revu, corrigé, et considérablement augmenté; nous en sommes au retour des exécutions sanglantes, des cours prévôtales, des conspirations factices, des délateurs et des bourreaux.

Où allons-nous? qui peut le savoir? qui peut prévoir où nous conduira ce système de démolition constitutionnelle, sous l'empire duquel viennent déjà de crouler aux yeux des citoyens indignés les plus fortes colonnes de la charte.

Où allons-nous? les ultrà le savent, eux seuls pourront nous le dire?

Art. 4.

Les Funérailles de la Liberté ! tel est le titre d'un opuscule en vers qui va incessamment paraître. Cette patriotique messénienne , comme l'annonce suffisamment son titre , est destinée à peindre la douloureuse agonie de la liberté française. Elle sera lue avec plaisir par tout ce qui porte encore un cœur français. Je ne puis résister au désir d'en citer un passage , persuadé que l'auteur voudra bien me pardonner le vol que je lui fais , tant dans son intérêt que dans celui de mes lecteurs.

> O terre de vaillance !... ô France !.... ô ma patrie !
> Pourquoi lever encore une tête flétrie ?
> Toi , dont le front brillant se cachait dans les cieux,
> Objet de la pitié des mortels et des dieux ,
> A quel abaissement te vois-je condamnée ?
> Qu'as-tu fait de ta gloire , ô France infortunée !
> Le monde avec orgueil en montre les débris.
> Elle dort sous le sable aux déserts de Memphis.
> Le nord a conservé sa mémoire héroïque.
> Sa grande ombre erre encore aux bords de la Baltique.
> Campagnes d'Austerlitz, ouvrez-moi vos sillons....
> Les voilà les débris de ces fiers bataillons,
> De ces vivans remparts, de ces foudres de guerre
> Devant qui se brisa le courroux de la terre !
> Plaine de Mont-Saint-Jean , rends-nous nos légions !...
> J'aperçois un tombeau !... quels sont ces mots ?.... lisons :
> « Voyageur, les guerriers dont tu foules la cendre
> « N'ont vu que la patrie, et sont morts sans se rendre.
> Salut !... mânes sacrés !... nouveaux Léonidas !....
> Salut !... vous qui mourriez et ne vous rendiez pas !...
> Terre de Waterlo , sois-leur douce et légère ! ...
> Ils n'ont point vu les pas d'une armée étrangère
> Souiller le sol Français, et sur nos vieux remparts
> Du Russe et du Germain flotter les étendards.
> Ces généreux Français , trahis par la victoire ,

Descendaient dans la tombe avec toute leur gloire ;
Et nous que rançonnaient de cruels alliés ,
Baissant devant l'Anglais nos yeux humiliés ,
Il fallait, en passant sous le joug de leurs armes,
Sourire à l'insolence et dévorer nos larmes.
Mais le ciel ranima notre espoir confondu ;
La Charte nous restait.... nous n'avions rien perdu !.....

. . . .

Sous un voile de sang la Charte fut cachée,
Du temple saint des lois sa statue arrachée ;
D'avides proscripteurs , par la rage excités,
Promenèrent la mort au sein de nos cités ;
Des proscrits, par leurs soins, les listes se dressèrent ;
Les échafauds sanglans à leur voix s'élevèrent ;
On vit les délateurs au crime encouragés,
De prétendus complots découverts et vengés ,
Et d'innocens français , grâce à cet art perfide ,
Tombèrent étonnés sous un fer parricide.

Ces détails font frémir, parce qu'ils retracent, avec une effrayante vérité, cette déplorable époque sous le nom de *terreur de* 1815. Toute la génération présente a été témoin de ces crimes... et ces délateurs, nous avons éprouvé leur rage, et nous voyons reparaître leurs visages sinistres. *Mil huit cent quinze est à nos portes* escorté de ses cours prévotales, de ses conspirations factices , de ses *sanglans échafauds*, suivant l'expression énergique de l'auteur. De nouvelles tempêtes s'approchent et menacent d'engloutir le vaisseau de l'état .....; mais de courageux défenseurs des droits du peuple siégent encore parmi les députés de son choix. Espérons que leur voix patriotique sera entendue et ne frappera pas en vain l'oreille du monarque à qui ce même peuple crie, avec l'auteur de la nouvelle messénienne :

De la Charte voilée, épargne moi le deuil :
Ne livre point la France au courroux de l'orgueil.

IMPRIMERIE DE MADAME JEUNEHOMME-CRÉMIÈRE,
RUE HAUTEFEUILLE , n° 20.